BEI GRIN MACHT SICH IHR
WISSEN BEZAHLT

- Wir veröffentlichen Ihre Hausarbeit,
  Bachelor- und Masterarbeit

- Ihr eigenes eBook und Buch -
  weltweit in allen wichtigen Shops

- Verdienen Sie an jedem Verkauf

Jetzt bei www.GRIN.com hochladen
und kostenlos publizieren

Anonym

Religion - Eine Illusion! Sigmund Freud und seine Religionskritik

GRIN Verlag

Bibliografische Information der Deutschen Nationalbibliothek:

Die Deutsche Bibliothek verzeichnet diese Publikation in der Deutschen National-
bibliografie; detaillierte bibliografische Daten sind im Internet über http://dnb.d-
nb.de/ abrufbar.

Dieses Werk sowie alle darin enthaltenen einzelnen Beiträge und Abbildungen
sind urheberrechtlich geschützt. Jede Verwertung, die nicht ausdrücklich vom
Urheberrechtsschutz zugelassen ist, bedarf der vorherigen Zustimmung des Verla-
ges. Das gilt insbesondere für Vervielfältigungen, Bearbeitungen, Übersetzungen,
Mikroverfilmungen, Auswertungen durch Datenbanken und für die Einspeicherung
und Verarbeitung in elektronische Systeme. Alle Rechte, auch die des auszugsweisen
Nachdrucks, der fotomechanischen Wiedergabe (einschließlich Mikrokopie) sowie
der Auswertung durch Datenbanken oder ähnliche Einrichtungen, vorbehalten.

Impressum:

Copyright © 2013 GRIN Verlag GmbH
Druck und Bindung: Books on Demand GmbH, Norderstedt Germany
ISBN: 978-3-656-69812-8

GRIN - Your knowledge has value

Seminararbeit

Klasse SG 12

Schuljahr 2012/2013

Religion - Eine Illusion!

Sigmund Freud und seine Religionskritik

Inhaltsverzeichnis

1. Einleitung

Diese Seminararbeit erforscht die Religionskritik von Sigmund Freud in ihren Bestandteilen. Dieses Thema hat mich von vornherein interessiert, da mich die Psychoanalyse von Freud in ihren Bann gezogen hat. Ich habe mir in diesem Zusammenhang z.B. folgende Fragen gestellt: Wie kann man von der Psychologie auf die Religion schließen?, Wie kann mit der Methode der Psychoanalyse die Religion erklären?, Was kritisiert Freud an der Religion?

Daraus ergeben sich die beiden Haupt-Fragestellungen meiner Arbeit:
1. Wie erklärt Freud das Entstehen von Religion?
und
2. Was kritisiert er an der Religion?

Ziel der Arbeit ist es, die Religionskritik von Sigmund Freud darzustellen und die Kritikpunkte von Freud an der Religion auf zu zeigen.

Dabei gehe ich im weiteren Verlauf auf den Begriff „Religion" aus der Sicht der Wissenschaft und eines amerikanischen Religionspsychologen ein.

Im Hauptteil widmet sich die Arbeit ganz Sigmund Freuds Kritik. Dabei stelle ich als erstes zwei Theorien dar, die das Entstehen von Religion erklären sollen. Danach gehe ich auf wesentliche Kritikpunkte Sigmund Freuds an der Religion ein, wobei mein Schwerpunkt auf der von Freud gesehenen Analogie zwischen Religion und Zwangsneurose liegt.

Im anschließenden Fazit, dass das Ende meiner Arbeit darstellt, zeige ich die wesentlichen Kritikpunkte und Aussagen noch einmal auf und nehme dazu Stellung.

2. Der Begriff „Religion"

Das 19. Jahrhundert brachte eine Vielzahl an Definitionsversuchen für den Begriff „Religion" hervor.

Der amerikanische Religionspsychologe J. H. Leuba referierte bereits im Jahre 1912 achtundvierzig Definitionen, die er - wie zu erwarten - allesamt für ungenügend erklärte und durch eine eigene korrigierte.

„Religion" ist für uns zunächst einmal ein umgangssprachlicher Begriff für das, was wir als Religion erfahren" (Stolz 1988, S.10).

Laut Leuba findet man bereits in der griechischen Antike vereinzelt Ausdrücke, die das bezeichnen, was nach unserem Verständnis Religion ausdrückt:

1. Eusebia beispielsweise meint Ehrfurcht, die vor allem gegenüber, aber nicht ausschließlich, den Göttern galt. Sie zeigt eine bewahrende Haltung gegenüber den geltenden Werten und Bräuchen auf. Eusebia kann aber auch als ein Gewissen auslegt werden, das durch religiöse Werte geprägt geworden ist.

2. „Threskeika bezeichnet den heiligen Dienst, ein religiöses Gebot in einer konkreten Angelegenheit" (Stolz 1988, S.10).

3. Sebos beschreibt die, gegenüber den Göttern und ehrfürchtigen Menschen gezeigte Scheu und ehrfurchtsvolle Zurückhaltung, wobei ein Moment des Staunens und der Bewunderung dabei ist (vgl. Stolz 1988, S.10).

Doch nicht nur im Griechischen findet man Ausdrücke, die das beschreiben, was unter dem Begriff „Religion" verstanden wird.

Die lateinischen Ausdrücke religio und relegere (leitet sich aus dem Wort religio ab) kann man auf die Bedeutung des Begriffs Religion zurückführen.

Religio bedeutet gewissenhaft und Sorgfalt, relegere bedenken, achtgeben.

Man erkennt hier Parallelen zu den bereits erwähnten griechischen Begriffen Eusebia und Sebos.

In der Wissenschaft versucht man durch zwei Definitionsansätze den Begriff „Religion" zu definieren:

1.Substantialische Definition

Bei dieser Definition versucht man den Begriff „Religion" durch das Wesen der Religion zu definieren und versucht gleichzeitig wesentliche Merkmale der Religion zu charakterisieren.

Diese Definition greift den Begriff als etwas auf, welches sich auf das Heilige, das Transzendente, das Absolute, das Numinose oder das Allumfassende bezieht.

2. Funktionalische Definition

Hierbei versucht man die Religion in ihrer Bedeutung für das Individuum und die Gesellschaft zu definieren.

Ein Vertreter der funktionalischen Definition ist Clifford Geertz. Seine Definition von Religion lautet:

„Eine Religion ist ein Symbolsystem, das darauf zielt starke, umfassende und dauerhafte Stimmungen und Motivationen in den Menschen zu schaffen, indem sie Vorstellungen einer allgemeinen Seinsordnung formuliert und diese Vorstellungen mit einer solchen Aura von Faktizität umgibt, dass die Stimmungen und Motivationen völlig der Wirklichkeit zu entsprechen scheinen" (Geertz 1983).

Es ist sehr schwierig eine eindeutige Definition von Religion zu verfassen. Die Bedeutung dieses Begriffs ist für jedes Individuum anders. Im Allgemeinen kann man durch die oben aufgezeigten Punkte sagen, dass die Religion eine Vielzahl unterschiedlicher kultureller Phänomene umfasst, die das menschliche Verhalten, Handeln, Denken und Fühlen beeinflussen und normative Wertvorstellungen prägen.

3. Sigmund Freud und seine Religionskritik

3.1 Die Theorien

Sigmund Freud ist der Meinung, dass Religion aus dem Bedürfnis, die menschliche Hilflosigkeit erträglich zu machen, geboren wurde. Doch wo kommt diese menschliche Hilflosigkeit her? Seine Grund- These zur Religion ist:

Die Grundlage der Religion ist die Vatersehnsucht!

Aus dieser These leitet er 2 Theorien ab, die sowohl die Entstehung der Religion als auch die Entstehung der Hilflosigkeit erklären sollen:

3.1.1 Die ontogenetische Erklärung

Die ontogenetische Erklärung geht davon aus, dass die Religion aus der Illusion und der Hilflosigkeit der Kindheit entsteht. Freud meint, dass die Gottesgläubigkeit in Zusammenhang mit einem Eltern-bzw. Vaterkomplex steht.

Dazu schreibt Freud: „Wir wissen, schon der schreckende Eindruck der kindlichen Hilflosigkeit hat das Bedürfnis nach Schutz - Schutz durch Liebe - erweckt, dem der Vater abgeholfen hat."..."Der Vater hat das schwache, hilflose, allen in der Außenwelt lauernden Gefahren ausgesetzte Kind beschützt und bewacht; in seiner Obhut hat es sich sicher gefühlt. Selbst erwachsen geworden, weiß sich der Mensch zwar im Besitz größerer Kräfte, aber auch seine Einsicht in die Gefahren des Lebens hat zugenommen, und er schließt mit Recht, dass er im Grunde noch ebenso hilflos und ungeschützt geblieben ist wie in der Kindheit, dass er der Welt gegenüber noch immer ein Kind ist. Er mag also auch jetzt nicht auf den Schutz verzichten, den er als Kind genossen hat. Längst hat er aber auch erkannt, dass sein Vater ein in seiner Macht eng beschränktes, nicht mit allen Vorzügen ausgestattetes Wesen ist. Darum greift er auf das Erinnerungsbild des von ihm so überschätzten Vaters in der Kindheit zurück, erhebt es zur Gottheit und rückt es in die Gegenwart und in die Realität" (Freud 1893-1939, S.175 ff.)

Der Mensch ist voll von Konflikten aus der Kindheit, die er nie überwunden hat. Durch die infantile Hilflosigkeit und die Suche nach Schutz kann sich die Religion voll und ganz entfalten. Die Vaterfigur wird zu Gottesfigur. Da Gott ein Einzelner ist, kann somit die Beziehung und die Innigkeit der Vaterbeziehung in der Beziehung zu Gott wieder gespiegelt werden. Gott wird zu einem übermächtigen ÜBER-ICH.

Somit steckt hinter jeder väterlichen Gestalt auch eine Gottesgestalt. Daher geht Freud davon aus, dass vor allem Jugendliche ihren religiösen Glauben verlieren, sobald die Autorität des Vaters zusammenbricht.

3.1.2 Die phylogenetische Erklärung

Was bei der ontogentischen Erklärung für das Individuum gilt, gilt bei der phylogenetischen Erklärung für die gesamte Menschheit.

Hier liegt der Ursprung der Religion in der Vorzeit, bei dem sogenannten Urvatermord.

„In der Vorzeit war der Vormensch in einer Urhorde organisiert. Diese Horde war dominiert durch einen gewalttätigen, eifersüchtigen Vater, der alle Weibchen für sich behielt und die heranwachsenden Söhne vertrieb. Freud geht davon aus, dass diese Sozialform für den Vormenschen vorauszusetzen ist. Es war eine Zeit uneingeschränkter Libidioentfaltung - aber natürlich nur für das eine Männchen, das die Horde dominierte. Nun passierte das Ungeheuerliche. „Eines Tage taten sich die ausgetriebenen Brüder zusammen, erschlugen und verzehrten den Vater und machten so der Vaterhorde ein Ende. Vereint wagten sie und brachten zustande, was dem einzelnen unmöglich geblieben wäre. (Vielleicht hatte ein Kulturfortschritt, die Handhabung einer neuen Waffe, ihnen das Gefühl der Überlegenheit gegeben). Das sie den Getöteten auch verzehren, ist für den Kannibalen wilden selbstverständlich. Der gewalttätige Urvater war gewiss das beneidete und gefürchtete Vorbild eines jeden aus der Brüderschaft gewesen. Nun setzen sie im Akte des Verzehrs die Identifizierung mit ihm durch, eigneten sich ein jeder ein Stück seiner Stärke an. Die Totenmahlzeit, vielleicht das erste Fest der Menschheit, wäre die Wiederholung und die Gedenkfeier dieser denkwürdigen, verbrecherischen Tat, mit welcher so vieles seinen Anfang nahm, die sozialen Organisationen, die sittlichen Einschränkungen und die Religion." (Freud 1893-1939 ‚17f)" (Stolz 1988, S.158).

Durch den psychischen Schock der Tat, fand eine Verdrängung statt, in der nun nicht mehr der Vater getötet wurde, sondern ein tierischer Vorfahre (=Totemtier).

Die Söhne verzichteten auf die Beanspruchung der Frauen und waren nun mehr auf andere Frauen anderer Stämme angewiesen. Dies war der Ursprung der Exogamie.

Das Totemtier stellt nun eine „Vaterfigur" dar, das im Zentrum der Verehrung steht. Die Totemreligion ist aus dem Schuldbewusstsein der Söhne entstanden. Es war ein Versuch das Gefühl zu beschwichtigen und den beleidigten Vater durch die Opferung des Totemstieres im nachhinein zu versöhnen.

Auf diesen Mythos „fallen die beiden Hauptgebote des Totemismus, die beiden Tabuvorschriften, die seinen Kern ausmachen, den Totem nicht zu töten und kein Weib, das dem Totem angehört, sexuell zu gebrauchen" (Henseler 1995, S.38) zurück. Somit lassen sich die Tabuvorschriften der heutigen Religion (Exogamie, Inzestverbot) auf diesen „Mythos" zurückverfolgen.

Laut Freud ist die Totemreligion die Grundlage aller anderen Religionen. Andere Religionsformen sind nur Transformationen, Verfeinerungen und Sublimierungen.

Selbst das christliche Abendmahl betrachtet Freud ausschließlich unter totemistischem Aspekt. Er sieht Jesu Christi als Opfer an, der sich für seine Brüder opfert, um sie von der Erbsünde zu befreien. Somit kann man sagen, dass Jesus für die katholischen Christen ein indirektes Totem ist. Auch die Kommunion stellt ein Relikt aus der Totemreligion dar, sie ist vergleichbar mit der Totemmahlzeit (vgl. Henseler 1995, S.43).

3.2 Sigmund Freuds Kritik an der Religion

Sigmund Freuds größter Kritikpunkt ist, dass die Religion eine der größten Illusionen der Menschheit ist.

Die Menschen sind der Meinung, dass die Religion ihre ältesten, stärksten und dringlichsten Wünsche erfüllen würde. Sie flüchten sich in das „Wesen" der Religion, da sie in der Kultur keine Triebbefriedigung erfahren, bzw. nur Ersatzbefriedigungen, wie z.B. die Religion zu haben. Die Menschen leiden, müssen viel entbehren und haben Angst vor der Schädigung durch das „Schicksal".

Das alles schwächt das Selbstwertgefühl und die Menschen verlangen nach Trost. Diesen Trost kann die Religion den Menschen geben. Sie bietet dem Menschen Schutz vor den Gefahren des Lebens.

Die Religion dient also nur als Projektion. Die innere, ungute Wahrnehmung, die Angst und Hilflosigkeit im Leben wird auf die Religion projiziert und kann somit verarbeitet - eher verdrängt werden. Die Menschen sind sich dessen nicht bewusst. Es passiert alles unbewusst. Wir leben in einer Art „Seifenblase", wobei die Religion selbige darstellt. Zur Erfüllung des Glückes des Menschen bringt die Religion eine seelische Entlastung, dahingehend ist sie hilfreich, da ist sich Freud sicher. Doch der Mensch muss auch erwachsen werden und sich nicht mehr hinter Illusionen verstecken, sondern seine Intelligenz benutzen.

Die Illusion bleibt als Ableitung aus den menschlichen Wünschen, wobei eine Illusion nicht unrealistisch oder im Widerspruch zu der Realität sein muss. „Doch wir heißen also einen Glauben Illusion, wenn sich in seiner Motivation die Wunscherfüllung vordrängt, und sehen dabei von seinem Verhältnis zur Wirklichkeit ab, ebenso wie die Illusion selbst auf ihre Beglaubigungen verzichtet" (Freud 1928, S.49-50).

Die Religion verlangt zu glauben, was sie sagt.

Das ist ein weiterer Punkt, den Freud kritisiert. Die Religionen bezeichnen etwas als „die Wahrheit", obwohl sie überhaupt keine Bestätigungen haben. Ihre Lehren berufen sich auf, zum Teil mündlich überlieferte Geschichten - Wahrheiten?. Die daraus abgeleiteten Lehren sind zum Teil weder historisch noch archäologisch beweisbar, weswegen die Religion von ihren Anhängern blindes Vertrauen verlangt. Hinterfragen ist nicht gestattet, wo bleibt also der frei denkende Mensch? Des Weiteren proklamiert er, dass die Religion sowohl ein Maß der Sittlichkeit, als auch eines der Unsittlichkeit sei.

Die menschlichen Triebwünsche sollten nicht von religiösen Verboten und Regeln bestimmt werden, sondern durch den Menschen selbst, der seine Vernunft und Intelligenz benutzt.

3.2.1 Die Analogie zur Zwangsneurose

Freud erkennt im weiteren Verlauf eine Analogie zur Zwangsneurose.

Seine These dazu lautet:

Religionen - eine universelle Zwangsneurose!

Freud fielen Ähnlichkeiten zwischen religiösen Übungen und Zwangshandlungen auf. „Die Leute, die Zwangshandlungen oder Zeremonielle ausüben, gehören nebst jenen, die an Zwangsdenken, Zwangsvorstellungen, Zwangsimpulsen und der gleichen leiden, zu einer besonderen klinischen Einheit, für deren Affektion der Name Zwangsneurose gebräuchlich ist" (Freud 1907, S.129f).

Zwangshandlungen werden dahingehend charakterisiert, dass die Leute bei der Verrichtung bestimmter Tätigkeiten immer wieder nach dem selben Muster vorgehen, es zeigt sich eine gewisse Gesetzmäßigkeit in ihrem Tun. Für Außenstehende scheint dies nichts Besonderes zu sein, nichts anderes denkt der Kranke selbst, doch ist er nicht fähig es zu lassen. Jede Abweichung von diesem „Zeremoniell" verursacht ihm unerträgliche Angst, die sofort dazu führt, das Unterlassene nachzuholen, „(...) die besondere Gewissenhaftigkeit bei der Ausführung und die Angst bei einer erfolgten Unterlassung kennzeichnen das Zeremoniell als heilige Handlung" (Freud 1907, S.129f). So hat es den Anschein, dass auch religiöse Übungen, wie z.B Gebete und religiöse Bräuche zwanghaft durchgeführte oder durchzuführende Zeremonielle sind. Der Unterschied: Das Zwangssystem des Einzelnen ist individuell. Es spielt sich alles im Geheimen ab. Auf Seiten der Religion ist es jedoch kollektiv. Es hat eine Art Öffentlichkeitscharakter. So scheint es, dass Zwangshandlungen sinnlos und religiöse Handlungen sinn stiftend sind.

Dringt man nun tiefer in die Materie der Zwangshandlungen ein, so erkennt man, dass sich der Unterschied verschiebt: Die Verhaltensweisen des Erkrankten scheinen in all ihren Einzelheiten doch einen Sinn zu haben. Sie stehen direkt oder symbolisch im Dienst von unverarbeiteten Erlebnissen oder Gedanken. Es können zwiespältige Erinnerungen, Unterdrückung von Zweifeln oder Ähnliches sein, was Freud zu der Erkenntnis brachte, dass die Zwangshandlungen eine Geste der Wiedergutmachung sein müssten. „Zwangshandlungen sind demnach sinnvolle Ausdrucksformen unbewusster Motive und Vorstellungen" (Freud 1907, S.135). Demnach sind die Zwangszeremonielle im Gegensatz zu religiösen Zeremoniellen unbewusst motiviert.

Es kann sein, das einzelne Fromme ihre religiösen Zeremonielle ausüben, ohne nach dem Sinn zu fragen. Die Motive, die sie zu Religionsübungen drängen, sind durch vorgeschobene Motive im Bewusstsein verankert. Doch Freud geht davon aus, dass die Priester und Wissenschaftler sehr wohl den symbolischen Sinn dahinter wissen.

Doch welche vorgeschobenen Motive haben die Frommen? In den Zwangshandlungen sind die Motive deutlich, die Erkrankten haben ein kronisches Schuldgefühl, was sie dazu führt, ihre Zwangshandlungen auszuführen. Stehen also die Gläubigen auch unter der Herrschaft eines Schuldbewusstseins? Und wenn ja, weswegen müssten sie sich schuldig fühlen? Auffällig ist, dass Gläubige immer und immer wieder sagen, dass sie wüssten, dass sie Sünder seien (vgl. Freud 1907, S.135).

Freud sieht die Ursache in der Verdrängung von Triebregungen. Triebe werden als Versuchung gesehen und die Versuchung wird in der Religion als etwas Verbotenes (siehe Adam und Eva) gesehen. Somit gehen die Schuldgefühle aus der nie erloschenen Versuchung durch unterdrückte Triebe hervor.

„Nach diesen Übereinstimmungen und Analogien könnte man sich getrauen, die Zwangsneurose als ein pathologisches Gegenstück zur Religionsbildung aufzufassen, die Neurose als eine individuelle Religiosität, die Religion als eine universelle Zwangsneurose zu bezeichnen (Freud 1907, S.139f).

Freud möchte die Religion „abschaffen". Sie steht im vollkommenen Widerspruch zu der Realität und basiert letztendlich doch nur auf Wunscherfüllungen der Menschheit. Der Mensch kann auch ohne die Illusion „Religion" leben. Er wird sich zwar schwer damit tun die Schwere des Lebens und die grausame Wirklichkeit zu ertragen, doch der nüchtern erzogene Mensch, dem die „bittersüße" Religion nicht von Kindheit an eingepflanzt wurde, würde nach und nach damit zurecht kommen. Der Mensch, der von der Neurose der Religion befreit würde, könnte endlich erwachsen werden. Freud nennt dies die „Erziehung zur Realität". Der Mensch muss in das „feindliche Leben" ohne Religion, also in die Realität gestoßen werden, seine Infantilität zurücklassen und seine Vernunft, Intelligenz und Rationalität anstelle der Illusion der Religion benutzen.

Wenn er nun alle seine Erwartungen vom Jenseits abzieht und seine vollkommene Kraft und Konzentration auf das Hier und Jetzt bezieht, so kann er selbst, und niemand oder etwas anderes das Leben in der Kultur erleichtern und erträglicher machen. Das einzig Wichtige ist:

Der Menschheit muss klar werden, dass die Religion nicht ihre Probleme löst, sondern sie nur „vernebelt".

4. Fazit

Sigmund Freuds Erklärungen zur Entstehung von Religion sind meiner Meinung nach ziemlich weit her geholt. Die Totemreligion als Ursprung aller Religionen? Das entstehen von Religion durch eine kollektive traumatische Erfahrung?(Urvatermord) Da ist Freud meiner Meinung nach ein bisschen zu weit gegangen, jedoch stimme ich ihm in dem Gedankenzug zu, dass die Menschen in Gott eine überhöhe Vaterfigur sehen.

Was ich allerdings bezweifle ist, dass die Menschen, bei denen die Autorität des Vaters zusammengebrochen ist/war ihren religiösen Glauben verlieren. Brauchen dieses Menschen dann nicht erst recht einen Ersatz? Finden denn nicht genau diese Menschen in der Religion ihre Autoritätsfigur, die ihnen Hilft auf dem richtigen Weg zu bleiben und ihnen bei schwierigen oder Aussichtslosen Situationen mit „Rat und Tat" zur Seite stehen?

Ich bin der Meinung dass genau diese Menschen in der Religion Zuflucht suchen. Natürlich kann man das nicht auf alle Menschen beziehen, doch wie sagt man: „ Die Ausnahmen bestätigen die Regel."

Die Religion eine Illusion! Freuds Kernaussage.

Dieser Stimme ich voll und ganz zu! Die Religion ist eine, vom Menschen erschaffene Illusion. Die Menschen brauchen etwas, woran sie sich festhalten können, woran sie Glauben können. Doch ich frage mich, warum die Menschen nicht an sich selber Glauben und sich selber Kraft geben um das Leben und die „grausame Wirklichkeit" zu ertragen? Wir Menschen sind Arrogant und Egozentrisch. Wir sind von uns so Überzeugt das es den Anschein hat, dass wir keine Grenzen kenne. Doch warum haben wir uns über die Jahrhunderte unserer Existenz eine so große „Seifenblase" gebaut?

Die Religion als Hilfe zu sehen um seelischen Ballast zu verarbeiten ist sinnvoll. Dies hat auch Freud zugegeben. Doch die Religion als Lebensgrundlage zu nutzen, ohne seinen eigenen Verstand, seine Vernunft zu benutzen ist in meinen Augen übertrieben (siehe Islam).

Die zweite Aussage Freuds, die Religion habe Analogien zur Zwangsneurose stimme ich teilweise zu. Ich bin in dem Punkt, dass religiöse Übungen, wie z.B Gebete und religiöse

Bräuche zwanghaft durchgeführt werden müssen nicht seiner Meinung, Schließlich kann jeder Mensch für sich selber entscheiden ob er betet oder nicht. Doch in dem Punkt, dass die Gläubigen nicht Wissen, warum sie die Zeremonielle durchführen bin ich seiner Meinung. Die besten Beispiele sind Wallfahrten oder Pilgerwege. Die Menschen tun diese „Bräuche", weil sie denke, dadurch näher zu Gott zu gelangen und ihre Sünden rein zu Waschen. Doch sie Wissen es nicht. Warum sollte Gott von seinen Schützlingen verlangen den Jakobsweg entlang zu Pilgern?

Zusammenfassend lässt sich sagen, das Freud in vielen seiner Kritikpunkte recht hat, doch in machen Aspekten über das Ziel hinaus geschossen ist. Sein Verlagen, die Religion abzuschaffen und an ihrer Stelle die Rationalität zustellen finde ich übertrieben. Wobei man die Zeit in der Sigmund Freud seine Kritik geschrieben hat nicht außer Acht lassen darf und, dass sich seine Kritik mehr auf den katholischen als auf den evangelischen Glauben beziehen. Damals hatte die Kirche noch einen ganz anderen Einfluss auf die Gesellschaft. Doch inzwischen hat sich auch viel innerhalb der Kirche getan. Sie ist in manchen Aspekten moderne geworden, was sehr zur Freude der jungen Menschen war/ist.

Ich bin kein sehr religiöser Mensch und habe so mit auch keinen großen Bezug zur Religion selber, doch lassen Sie mich eine abschließende Frage in Raum werfen:

Was würde passieren wenn die Religion, die Kirchen nicht mehr existieren, so wie es Freud wollte? Was würde mit unseren Gesellschaft passieren?

Ich bin der Meinung das die Gesellschaft zugrunde gehen würde. Wir brauchen die Religion auch wenn sie eine Illusion ist, dessen bin ich mir sicher. Und haben wir nicht alle in irgendeiner Form eine Illusion die wir uns wahren wollen?

5. Literaturverzeichnis

Bubdolz, Georg u.a. , Grundwissen der Religion, Berlin 2011 S. 138f

Carl: Informationsgespräch mit einem evangelischen Pfarrer. Mai 2013.

Freud, Sigmund: Die Zukunft einer Illusion. 2. Auflage. Leipzig/Wien/Zürich, Internationaler Psychoanalytischer Verlag 1928

Freud, Sigmund: Gesammelte Werke Chronologisch Geordnet Achter Band. 7. Auflage. S.Fischer Verlag, 1909-1913

Freud, Sigmund: Totem und Tabu - Einige Übereinstimmungen im Seelenleben der wilden und der Neurotiker. 7. Auflage. S.Fischer Verlag, 1986

Henseler, Heinz: Religion - Illusion? - Eine psychoanalytische Deutung. 1. Auflage. Steidl Verlag 1995.

Stolz, Fritz: Grundzüge der Religionswissenschaft. Göttingen, Vandenhoeck und Ruprecht 1988

Schafenberg, Joachim: Sigmund Freud und seine Religionskritik - als Herausforderung für den christlichen Glauben. Göttingen, Vandenhoeck und Ruprecht 1968

Schütz, Robert : Religion - eine Illusion? - zur Psychoanalyse Sigmund Freuds. Calwer Verlag Stuttgart 1971

Theis, Anette: Die Religionskritik Sigmund Freud.
http://www.zum.de/Faecher/kR/Saar/gym/projekte/rel_krit/freud/freud.htm (21.05.2013)